HERMINE.

HERMINE en armoiries se prend de deux sortes.

Ou comme vne petite beste. Aussi l'hermine dans la nature est vne petite beste d'Asie, toute blanche & semblable à vn rat, le museau pointu & affuronné, nommée par Aristote, Pline, & les autres *mus ponticus*.

Où est vne panne ou fourrure dont les Princes se seruent.

Il n'y a que deux sortes de pannes vsitees en armoiries: Hermine & Vair.

Quand on dict hermine, cela s'entend de cette sorte de panne, & non de cette petite beste qui se doit exprimer par ces mots, Hermine au naturel.

Cette hermine au naturel doit estre representée dans son estre au naturel, c'est à dire en figure d'animal, toute blanche, sans aucune tauelure.

Ainsi au bas du Collier deBretagne dict de l'Hermine, & de l'Espy, pendoit à deux chainettes d'or vne Hermine au naturel sur vne motte ou gazon d'herbe verte diaprée de fleurs. Ainsi, Messire Charles du Cábout, Baron de Pont Chasteau fait Cheualier des deux Ordres du Roy en 1633. a pour supports de ses armes, deux Hermines au naturel, & pour cimier vne Hermine de mesme.

Que s'il arriue que ladite beste soit tauelée de la ta-

uelure qui eſt en la panne dicte hermine , laquelle tauelure meſme eſt improprement dicte hermine, comme ſera dict cy apres. Pour exprimer ladite tauelure en
ladite hermine au naturel,ie dirois,A vne hermine au naturel, herminée de tel eſmail, plutoſt que tauelée, pour
ſpecifier l'eſpece de la tauelure.

Ainſi ie dirois, tel porte de gueules,à vne hermine au
naturel,herminée de ſable : ou de quelque autre eſmail.

Hermine(comme ordinairement il ſe prend en armoiries) eſt vne panne ou fourrure dont les Princes ſe ſeruent, d'argent tauelée de certaine eſpece de tauelure de
ſable ſans nombre.

Cette fourrure dont les Princes ſe ſeruent, ne fut iamais faite de ſimples peaux de beſtes dictes hermines.
Auſſi les Pelletiers & Fourreurs l'ont touſiours tauele de
certaine eſpece de tauelure de petits morceaux de peaux
d'agneaux de Lombardie renommés pour leur noir lui-
ſant. Ainſi la plus grande partie de cette panne dicte hermine eſt argent tauclé de certaine eſpece de tauelure de
ſable ſans nombre.

Dans cette panne il y a deux emaulx. Argent & ſable.
Par l'argent elle eſt commune auec la fourrure dont les
roturiers ſe ſeruent non vſitee en armoiries qui eſt de
peaux d'agneaux blanches ſans cette tauelure, ny aucune
autre marque,moucheture ou decoupure d'aucun émail.
De plus,ſi cette fourrure dicte hermine eſtoit de ſimples
peaux de beſtes dictes hermines ſans cette tauelure, l'argent & l'heɩmine en armoiries ſeroient ſinonimes& non
diſtingués ce qui n'eſt. Cette tauelure de ſable luy eſt
propre & particuliere. Ainſi cette tauelure de ſable ſem-

ble eftre la forme fpecifique de cette panne dicte hermine, & qui l'a fait diftinguer. Et comme toutes chofes
prennent leur denomination de leur forme & figure
& non de leur matiere, de là les Herauts d'Armes,
quoy qu'improprement, ont nommé cette efpece de tauelure Hermine, & non ce qui eft argent, encores que
l'argent foit au vray la peau de l'hermine au naturel.

D'aucuns difent tauelé, moucheté de fable. Pour moy
ie mets difference entre tauelure & moucheture; fi
moucheture, le fable feroit pris dans l'argent, & faudroit qu'il fe veit vne ouuerture, ce qui n'eft. Il n'y a
qu'vne vnion & incorporation d'vn fubiect en vn autre fubiect, qui eft tauelure.

Fauin dict que l'hermine doit eftre blafonnee de fable femée d'hermines d'argent; opinion particuliere qui
ne fe peut fouftenir, comme fera dict cy-apres.

Quand on dict hermine, cela s'entend d'argent & de
fable, comme Vair d'argét & d'azur, & en ces cas ne doiuent lefdits emaulx eftre fpecifiez. Telle eft l'opinion de
Bara, Scohier, Geliot. P. Varénes & prefque de tous ceux
qui ont efcrit des armoiries. Auffi tous ont dict que les
armoiries font cópofées de metaux, couleurs, ou pannes.
Ainfi ont diftingué, ce femble, les pannes ou fourrures
des metaux & couleurs, encores qu'elles en foient com-
pofées, & fait vn troifiefme genre, tant à raifon de leur
excellence, que parce qu'en ces cas lefdites pánes ou fourrures font dans leur pure nature, dans leur eftat de per-
fection, & telles qu'elles font quand les Princes s'en
feruent. Hermine & Vair font termes qui en foy de-
monftrent vn eftre parfait, fans equiuoque ou analo-

gie, & ainſi en ces cas ne doiuent les eſmaulx deſdites pannes ou fourrures eſtre ſpecifiés. Que s'il y a chan- gement ou tranſpoſition d'eſmaulx, il les faut exprimer comme ſera dict cy-apres.

Bretagne porte d'Hermine.

C'eſt à dire d'argent tauelé de certaine eſpece de ta- uelure de ſable ſans nombre, ſans qu'on ſpecifie leſdits eſmaulx, & les ſpecifier eſt vice.

L'hermine eſt par fois chargée. Ainſi

De Viuonne porte d'hermine au chef de gueules.

Flaui porte d'hermine à la croix de gueules chargée de cinq quinte feüilles d'or.

Et non ſeulement l'eſcu peut eſtre d'hermine, mais meſme les cantons & quartiers d'iceluy, paulx, faſces, chef, bandes, croix, ſautoirs, chevrons, animaulx, &c.

Canton d'hermine.

Aueroult porte d'or à trois faſces de gueules au franc canton d'hermine.

Quartier d'hermine.

Bara dans ſes exemples dict de gueules au quartier d'hermine.

Paulx d'hermine.

Palluert porte pallé d'hermine & de Vair de ſix pieces.

Faſce d'hermine.

Ognies en Flandre & Picardie porte de ſinople à la faſce d'hermine.

Bande d'hermine.

Vlfrad Maiſtre de la Cheualerie de France, du temps de Childeric II. portoit de gueules à la bande d'her- mine coſtoyée ou accoſtée de deux lyons d'or, lampaſſés , armés & couronnés d'argent.

Chef d'hermine.

. Carloman Maiſtre du Palais l'an 618. portoit d'azur au chef d'hermine, chargé d'vn lyon leopardé de gueules lampaſſé d'azur, armé, & couronné d'or.

Croix d'hermine.

Pierre de la Foreſt Chancelier de France 1353. portoit ſur le tout de ſes armes de gueules à la croix pommetée d'hermine.

La Palu porte de gueules à la croix d'hermine.

Sautoir d'hermine.

Carbonge en Champagne, Gironné d'or & d'azur de 12. pieces, a vn eſcuſſon de gueules ſur le tout chargé d'vn ſautoir d'hermine.

Chevron d'hermine.

Thomas Comte de Varuich en Angleterre qui mourut 1242. portoit Eſchiquete d'or & d'azur au chevron d'hermine.

Treçeſſon en Bretagne porte de gueules à trois chevrons d'hermine.

Animaulx d'hermine.

Chabannes porte de gueules au lyon d'hermine, lampaſſé, armé & couronne d'or.

Lambel d'hermine.

Meſſire André de Laual Seigneur de Loheac, Admiral de France 1442. portoit de Laual, briſe d'vn lambel d'hermine.

Bref, toutes choſes peuuent eſtre d'hermine.

Cette eſpece de tauelure eſt aſſez cognuë par tous ceux qui tant ſoit peu cognoiſſent les armoiries, mais la deſcription d'icelle en eſt aſſez difficile.

Cette tauelure eſt en forme de trois floccons ou trois boutons pointus, mis en T ou tav renuerſé, & d'vne longue queüe pattée, non totalement ioints, la pointe de la queüe diuiſée en gros filets pointus ſeparés les vns des autres, celuy du milieu pendant plus bas que les autres.

Ces gros filets pointus qui ſont en ladite pointe, ſont au nombre de 3, 5, ou 7 à volonté ; mais plus ordinairement au nombre de 3. Ces trois floccons & queüe ſe trouuent par fois ioints, le tout eſt à volonté. En quoy cette tauelure eſt diſtinguée du ſimple tauelé, marqueté, moucheté, plumeté, decoupé.

Cette tauelure pour eſtre ſans nombre, doit eſtre comme ſi elle eſtoit ſemée, ſçauoir ſi ladite tauelure eſt piece chargeante, ſemée, ou non, il ſe verra cy-apres.

D'aucuns mettent ces tauelures toutes entieres en grand nombre pour eſtre dites ſans nombre. Il eſt bien vray que ſi les hermines paſſent certain nombre, il les faut eſtimer eſtre ſans nombre, ſoit qu'elles ſoient en confuſion, ſoit que la ſituation d'icelles ſe puiſſe exprimer, l'expreſſion eſtant touſiours limitée à certain nombre, pour éuiter le progrez à l'infiny vitieux en toute ſcience, ſçauoir à quel nombre, nul ne l'a encores decidé.

Les vns les comptent à 20. comme les croix. Meſſire Louys Mouton, Seigneur de Blainuille Mareſchal de France ſous Charles V. & VI. portoit d'azur à la croix d'argent, cantonnée de 20. croix au pied fiché d'or.

Les autres veulent qu'elles ſoient eſtimées eſtre ſans nombre, lors qu'elles paſſent le nombre de 16. Les beſtes, oiſeaux, poiſſons & fleurs qui ſont en armoiries, dict Bara, ſe nombrent iuſqu'à 16. & ſi elles paſſent ce dict nombre, on dict en blaſonnant ſemées ou ſans nombre. Les hermines n'occupent moins de lieu & d'eſpace que les fleurs, leſquelles en armoiries, excepté les fleurs de Lys, ſont touſiours ſous-entenduës eſpanoüies. Lors donc que les hermines paſſent le nombre de 16. il les faut eſtimer eſtre ſans nombre, à laquelle derniere opinion ie ſouſcris, auec l'aduis de pluſieurs autres.

Mais de les mettre toutes entieres en confuſion, il n'y a apparence, veu que la cognoiſſance des armoiries eſt vne noble ſcience fondée en regles & principes qui rendent cette cognoiſſance certaine & euidente. En toute choſe il faut eſtablir & obſeruer vn ordre tant que l'on peut, ainſi il ſe faudra garder le plus que l'on pourra que ces tauelures ſoient en confuſion.

De les mettre toutes entieres par ordre en grand nombre ſurpaſſantes le nombre de 16 pour eſtre dictes ſans nombre, il n'y a auſſi apparence. Car ou celles du ſecond rang correſpondront à celles du premier rang, ou au vuide qui eſt entre celles du premier rang. En l'vn & l'autre cas dans les quartiers ou pieces de l'eſcu qui ſeroient d'hermine, il faudroit que ces tauelures fuſſent tres-petites, eu eſgard à la grandeur de ces quartiers ou pieces. Ainſi elles n'auroient aucune grace, n'y ayant de proportion, & dans les eſcus ou pieces qui pourroient ſouffrir plus de 16. de ces tauelures, il ſeroit touſiours veritable de dire qu'elles ſe pourroient nombrer, n'eſtoit la regle cy deſſus, pour éuiter le progrez à l'infiny, regle de 16. preciſément non decidée ny determinée par aucun.

Pour eſtre ſans nombre, il eſt donc plus à propos que ces tauelures ſoient de rang en rang; celles du ſecond rang correſpondantes au vuide qui eſt entre celles du premier rang, & deux du premier ou ſecond rang, perduës en partie dans les flancs, c'eſt à dire qu'on n'en voye qu'vne partie, & ainſi de ſuite, Les tauelures de la pointe perduës pareillement pour partie dans la pointe, car quand il y en a pluſieurs de perduës pour partie, il ſe cognoiſt à veüe d'œil qu'elles ſont ſans nombre.

Ou que celles du premier rang ſoient perduës en partie dans le chef, celles de la pointe perduës pareillement en partie dans la pointe, deux du premier ou ſecond rang perduës en partie dans les flancs, celles du ſecond rang correſpondantes touſiours au vuide qui eſt entre celles du premier rang, & ainſi de ſuite pour eſtre ſans nombre bien faites.

Pour moy i'eſtime qu'il eſt plus à propos tant que l'on pourra où il y aura pluſieurs rangs d'entieres, que les tauelures du premier rang ſoient toutes entieres, celles du ſecond rang correſpondantes touſiours au vuide qui eſt entre celles du premier rang, & deux dudit ſecond rang perduës à moitié dans les flancs de l'eſcu ou pieces, & ainſi de ſuite de rang en rang: Celles de la pointe perduës pareillement en partie dans la pointe, pour eſtre ſans nombre bien faites.

Si l'hermine qui s'entend argent tauelé de certaine eſpece de tauelure de ſable ſans nombre, eſt d'autres eſmaulx, ou qu'il y ait tranſpoſition d'eſmaulx, c'eſt à dire de ſable tauelé de cette eſpece de tauelure d'argent ſans nombre, en ces cas il faut ſpecifier les eſmaulx, telle eſt l'oeſt l'opinion preſque de tous ceux qui ont eſcrit.

Geliot dict n'auoir iamais veu d'hermine d'autres eſmaulx que d'argent & de ſable, mais il ne s'enſuit pas qu'il ne puiſſe y en auoir, & qu'il n'y en ait.

Bara dict de ſable ſemé d'hermines d'argent & que par quelques-vns il eſt dict contre-hermine.　　　D'or ſemé d'hermines de ſable.　　　De ſable ſemé d'hermines d'or.

Pour moy ie dirois; Tel porte de ſable herminé d'argent.　　　D'or herminé de ſable.　　　De ſable herminé d'or. Iadis le Seigneur de Lument portoit d'argent au lyon de ſable herminé d'or.

Ie dis herminé, d'autant que ce terme demonſtre ce que c'eſt, & qu'il eſt contre la pure nature de l'hermine, comme Vairé qui eſt d'autres eſmaulx que Vair, veoir Vairé. Car dire ſimplement tauelé, ce terme n'exprimeroit l'eſpece de la tauelure.

Ce mot de contre-hermine demonſtre que l'eſcu ou la piece n'eſt dans la pure nature mais contre la nature de l'hermine; Or eſt il que le changement d'eſmaulx eſt auſſi bien & à plus forte raiſon contre la pure nature de l'hermine que la tranſpoſition d'iceux; Partant ce terme de contre-hermine parlant generalement eſtant trop ſpatieux & trop general, n'eſt ſuffiſant pour demonſtrer la tranſpoſition des eſmaulx de l'hermine, & ainſi ce terme eſt inutil, & doit eſtre reietté.

Quoy que l'hermine ſoit en ſoy vn eſtre parfaict, de laquelle hermine les eſmaulx ne doiuent eſtre ſpecifiés comme il eſt dict cy deſſus, ſi eſt-ce que l'argent par lequel elle eſt commune auec la fourrure des roturiers

non-vſitée en armoiries ſemble eſtre la matiere comme
il eſt dict cy-deſſus, à raiſon dequoy l'on l'eſtime princi-
palement metal : Auſſi dans tous les exemples cy-deſſus, des pieces de couleur ſont ſur l'hermine, ou des
pieces d'hermine ſur couleur, & n'ay veu ſur l'hermine
des pieces de metal, ny des pieces d'hermine ſur metal,
& à raiſon de cet argent on dict bezan, & non tour-
teau d'hermine : Ainſi,

Carbonnet de Caniſy porte couppé d'azur & de gueules à trois bezans d'hermine.

On ne les nomme tourteaux mais bezans.

Si des pieces ſont de ſable ou autre couleur hermi-
nées d'argent ou d'or, en champ de metal, il les faut
nommer tourteaux, & non bezans, ainſi ie dirois:

Tel porte d'or à trois tourteaux de ſable herminez
d'argent. Tel porte d'argent à trois tourteaux d'azur
herminez d'or.

Sçauoir ſi les hermines (qui improprement ſont dictes telles) ſont pieces chargeantes & ſemées, ou ſi elles
ne ſont ny pieces chargeantes, ny ſemées, il y a diuerſité
d'opinions.

Aux vns ces tauelures dictes improprement hermines,
ſont pieces chargeantes & ſans nombre ſemées. En ce
dernier cas les tauelures ſans nóbre ſont ſous entenduës
par ces mots Hermine, ou Herminé ſelon les eſmaulx.
Pour les tauelures, diſent-ils, il faut faire diſtinction de ce
qui eſt tauelé par nature ou par art. Les tauelures ſont dedans le ſubiet qui eſt tauelé par nature, vnies & incorporées en iceluy, ainſi elles ne ſont ny chargeátes ny ſemées:
mais de ce qui eſt tauelé par art, cóme la panne dicte her-

mine, les tauelures font pieces effectiues mifes & appliquées fur vn fubiet difperfées çà & là. Toutes pieces effectiues mifes & appliquées fur vn fubiet, font pieces
chargeantes, & quand elles font fans nombre, font dictes femées. Ces tauelures qui font en la panne dicte hermine font faites de petits morceaux de peaux d'agneaux
de Lombardie, renommez pour leur noir luifant, mis &
appliquez fur la peau de l'hermine au naturel, pour donner plus d'éclat & de grace à la fourrure dót les Princes
fe feruent. Ces petits morceaux de peaux d'agneaux ont
leur exiftence & fubfiftance feparée de la peau de l'hermine au naturel, auant qu'ils foient appliquez fur icelle
& qu'ils faffent la tauelure ; Ainfi pieces effectiues : Partant ces tauelures font pieces chargeantes, & quand elles
font fans nombre, font femées : En ce dernier cas elles
font telles fous entenduës par ces mots, Hermine ou
Herminé felon les efmaulx.

Aux autres elles ne font ny chargeantes ny femées.
Les hermines, difent-ils, font tauelures, tauelé & chargé font oppofés. Nous voyons iournellement plufieurs
animaux blancs tauelés de noir & autres couleurs, fans
qu'on puiffe dire que ce noir charge ces animaux, moins
encores le blanc qui eft dans la peau d'iceux, ces tauelures de noir ne font plus éleuées que le blanc, on les dict
tauelés de noir, la peau eftant pour la plus grande partie
blanche ; ce noir en moindre partie difperfé çà & là. Aucuns tiennent que les hermines font mouchetures, ce
que ie n'eftime, comme i'ay dit cy-deffus. Ce terme de
tauelé ne fe dict pas feulement de la diuerfité d'efmail
difperfé çà & là en vn fubiet, mais mefme de la figure

B ij

& repreſentation de quelques pieces effectiues. Comme
pour exemple, ſi ſur vn chien blanc, ou autre animal il y
a des marques faites en forme & figure d'eſtoilles noires
vnies & incorporées en iceluy, nous diſons communé-
ment & en langage vulgaire, que ce chien eſt blanc tauelé d'eſtoilles noires, on ne dict chargé, mais tauelé,
d'autant qu'il n'y a point d'eſtoilles qui le chargent,
mais qu'il n'y a que des figures d'eſtoilles, il n'y a que
les pieces effectiues eleuées ſans deterioration du
ſubiet auquel elles ſont appliquées qui peuuent eſtre dictes pieces chargeantes & ſans nombre ſemées. Toute
tauelure eſt dedans ſon ſubiet vnie & incorporée à iceluy, differente ſeulement d'eſmail, & s'il y a figures parti-
culieres de la tauelure, on l'exprime. La tauelure ſuppo-
ſe vn ſubiet. Ce qui charge ou ſeme doit eſtre piece ef-
fectiue de ſa nature, eleuée & de relief, le fonds demeu-
rant entier contraire à la tauelure. Qu'on exprime en general ce que c'eſt tauelure ? I'ay veu des pannes dictes
hermines, ces petits morceaux de peaux d'agneaux qui
font la tauelure, ne ſont mis & appliquez ſur la peau de
l'hermine au naturel, car en ce cas il n'y auroit difficulté
quelconque qu'elles ne fuſſent de leur nature eleuées,
partant pieces chargeantes & ſans nombre ſemées. Ces
petits morceaux de peaux d'agneaux ſont dedans la
peau de l'hermine au naturel, vnis & incorporez en
icelle, ils ne ſont plus eleuez que ladite peau de l'hermine au naturel, c'eſt comme s'il y auoit vn vuidé & remply de ces petits morceaux de peaux d'agneaux; l'argent
& le ſable en la forme que deſſus, vnis & incorporez,
font enſemble la panne dicte hermine. Partant ces petits

morceaux de ces peaux d'agneaux eſtans vnis & incorporez en ladite peau de l'hermine au naturel , & n'eſtans
plus éleuez ne peuuent eſtre dicts pieces chargeantes &
ſans nombre ſemées.

Quand quelque piece eſt vuidée & remplie d'vn autre
eſmail, comme pal, bande, croix, &c. pour exemple, qu'il
y ait vn eſcu d'azur au pal d'argent, vuidé & remply de
gueules, le milieu de ce vuidé & remply n'eſt point plus
éleué que ce pal d'argent, on ne dict que ce vuidé & remply de gueules charge ce pal d'argent : Ainſi les tauelures
dans leur poſition ordinaire ne doiuent eſtre plus éleuées
que le ſubiect tauelé , n'y eſtre dictes pieces chargeantes
& ſans nombre ſemées.

Ie dis que les tauelures dans leur poſition ordinaire ne
doiuent eſtre plus éleuées que le ſubiet tauelé , eſtans
vnies & incorporées dans iceluy , toutefois ſi les figures
ſont touſiours ſous-entenduës eſtre tauelures, en ſculpture & graueure on les peut mettre de relief, les figures des tauelures qui ſont en l'hermine ou l'herminé eſtât
ſans nombre, ſont touſiours ſous-entenduës eſtre tauelures. Comme donc dans vn faſcé ou bandé d'or & d'a-
zur, vn eſchiqueté ou lozangé d'or & d'azur inciſez en
pierre ou autre matiere, les faſces & bandes de metal ,
les pieces d'eſchiquier & lozanges de metal pour donner plus de grace ſont plus éleuees que celles de couleur,
ainſi ces tauelures qui ſont en la panne dicte hermine
ſont éleuées. Ces faſces, bandes & pieces de metal éleuées ne ſont & ne peuuent eſtre dictes pieces chargeantes celles de couleur. Le faſcé eſt vn compoſé de faſces,
eſgales en nombre, & contiguës l'vne à l'autre : Ainſi du

bandé, eschiqueté & lozangé, de bandes, pieces d'eschiquier & lozanges, & dans l'origine de cette contiguité les fasces, bandes, pieces d'eschiquier & lozanges de metal & de couleur, deuroient estre également éleuées.

Comparons Panne à Panne, l'Hermine au Vair. Le Vair est vn composé de pots d'argent & d'azur opposés l'vn à l'autre : en sculpture & graueure, ces pots de metal sont plus éleuez que ceux de couleur, & neantmoins il est certain qu'ils ne chargent ceux de couleur, & que dans le principe & origine ils deuroient estre également éleuez. Ainsi ce qui se fait pour nostre regard & aspect, ne doit estre consideré en ce sens, mais dans son principe & origine. Toute tauelure dans son principe & origine n'est plus esleuée que le subjet qui est tauelé, elle est vnie & incorporée en iceluy, on ne dit qu'elle charge le subjet. Le sable qui est en la panne dicte hermine fait la tauelure, comme il se peut remarquer dans les fourrures dictes hermine, dont les Princes se seruent. Le sable donc bien qu'esleué en sculpture & graueure doit estre consideré comme tauelure, partant il ne peut estre dit piece chargeante & semé. Ce qui est de la panne dite hermine, l'est aussi de l'herminé, dont on specifie les esmaulx.

Dans le fascé, bandé, eschiqueté & lozangé en sculpture & graueure, les pieces de metal sont plus esleuées que celles de couleur, ainsi que dit est, le metal *cæteris paribus* estant beaucoup plus noble que la couleur. En la panne dite hermine, ces tauelures quoy que de sable doiuent estre esleuées & non l'argent, le sable estant comme la forme specifique d'icelle, laquelle en excellence surpasse la matiere.

Ces petits morceaux de peaux d'agneaux ne font hermines, quoy qu'improprement, qu'en tant que trois
floccons ou boutons pointus font mis en T ou tau renuerfé auec ladite queuë cy-deffus, vnis & incorporés en
la peau de l'hermine au naturel.

Il n'y a que les pieces chargeantes qui puiffent eftre femées, partant ces tauelures n'eftans pieces chargeantes
ne font femées.

Fauin dit que l'hermine doit eftre blafonnée de fable
femée d'hermines d'argent : opinion particuliere qui ne
fe peut fouftenir.

Premierement, en la panne dicte hermine, dont les
Princes fe feruent, l'argent & le fable font efgalement
efleuez.

En fecond lieu, fi l'argent eft femé, le fable eft le fonds
qui reçoit l'argent, ainfi l'argent chargeant deuroit
eftre efleué fur le fable. Au contraire en fculpture & graueure le fable eft efleué & non l'argent, comme il eft dit
cy-deffus.

En troifiefme lieu, les chofes qui font femées ont
quelque figure, par laquelle elles font cognuës : dans
l'hermine, l'argent n'a aucune figure particuliere, tant
s'en faut, le fable en a vne defcrite cy-deffus.

Donc l'hermine, n'eft de fable femée d'hermines d'argent, comme eftime Fauin ; mais eft argent tauelé fans
nombre de certaine efpece de tauelure de fable defcrite
cy-deffus.

Cette queftion femble inutile & fuperfluë en la panne
dite hermine, puis que, foit que ces tauelures foient pieces chargeantes, femées ou non, on ne les exprime, tout

eſtant ſous-entendu par ces mots Hermine ou Herminé ſelon les eſmaulx. Mais ſi l'on conſidere qu'en la panne dite hermine, dont les Princes ſe ſeruent, les tauelures de ſable ne ſont plus eſleuées que l'argent, laquelle panne neantmoins aucuns eſtiment eſtre d'argent, ſemée d'hermines de ſable. Les autres au contraire qu'elle n'eſt ſemée. (Pour Fauin ſon opinion eſt particuliere) & toutefois qu'en ſculpture & graueure ces tauelures ſont plus eſleuées que l'argent, en cette contrarieté la queſtion ne ſemblera du tout inutile & ſuperfluë, & ſeruira pour confirmer ou refuter l'opinion des vns ou des autres.

I'ay dit que l'hermine (qui s'entend de la panne) eſt argent tauelé de cette eſpece de tauelure de ſable ſans nombre. Car s'il y a nombre de figures qui reſſemblent à la tauelure qui eſt en la panne dicte hermine, & ſe puiſſe exprimer, ce n'eſt plus panne & fourrure, & faut ſpecifier le nombre, les eſmaulx & la ſituation, ſi ladite ſituation n'eſt de ſoy ſous-entenduë, encores que leſdits eſmaulx ſoient d'argent & de ſable, eſmaulx de l'hermine, Ainſi,

Lamoignon porte d'argent à trois hermines de ſable, eſcartelé d'argent fretté de ſable.

Denets porte d'azur au cheuron d'argent à trois hermines de ſable, accompagné de trois roſes d'or.

Bara dit que de tout temps les armoiries ont eſté diſtinguées auec peu de choſe en apparence, mais grande en armoiries. Et il eſt certain que non ſeulement la diuerſité d'eſmaulx fait diuerſité d'armes, mais auſſi la diuerſité du nombre & ſituation des pieces. Ainſi pour exemple porter trois, cinq ou huiᴄt roſes plus ou moins, non extedant le nombre de 16. qui ayent leur situation qui se puisse exprimer, ou semé de roses, c'est porter armes differentes, & ce qui est du nombre finy ou infiny des pieces effectiues chargeantes mises és escus, l'est aussi du nombre dont les escus ou pieces sont tauelez, mouchetez ou decouppez. Dans l'hermine il n'y a point de nombre de tauelure, és deux exemples cy dessus il y a nombre des figures, duquel la situation se peut exprimer, soit qu'elles soient tauelures ou pieces chargeantes. Estre sans nombre ou auec nombre, duquel la situation se peut exprimer sont choses differentes, il faut donc differents termes. Ou il y a argent tauelé de cette espece de tauelure de sable sans nombre, ie dis sans rien exprimer (hermine) où il y a nombre desdites figures duquel la situation se peut exprimer, ie l'exprime. Qu'on assigne vne autre difference, puisque ces nombres sont differents, & que toute difference se doit déduire par diuers & differents termes, & n'est dans l'vnité. Si lesdites figures en nombre sont pieces chargeantes, & en la panne, tauelures, la difference en sera plus grande.

Que l'on blasonne autrement les armes de Lamoignon & de Denets. Nul ne peut dire que Lamoignon porte d'hermine, ny Denets vn Chevron d'hermine.

I'ay dit qu'où il y a nombre ce n'est plus panne, la fourrure dicte hermine est vn estre parfaict en soy, duquel la forme comme dit est, est cette tauelure de sable sans nombre. Estre sans nombre ou auec nombre sont choses differentes. Les choses differentes ne sont vnes. Donc estre auec nombre, ce n'est plus panne ou fourrure dicte hermine.

Quand l'on dict à trois hermines, la question est, Si

lefdites hermines font tauelures ou pieces chargeantes: il faut demeurer d'accord qu'en fculpture & graueure les hermines és deux cas cy-deffus font efleuées.

Les vns fouftiennent qu'elles font tauelures. Tout ce qui eft fans nombre peut en mefme genre eftre en nombre parfaict qui fe puiffe exprimer. Si vn porte d'argent moucheté de finople qui s'entend fans nombre, vn autre peut porter d'argent à trois mouchetures de finople. Ainfi fi vn porte d'hermine qui s'entend d'argent tauelé de cette efpece de tauelure de fable fans nombre, vn autre peut porter d'argent tauelé trois fois de cette efpece de tauelure de fable. En la panne dicte hermine, cette tauelure eft dicte hermine, és cas cy-deffus on les nóme hermines, c'eft comme fi l'on difoit tauelé trois fois de cette efpece de tauelure, autremét il s'enfuiuroit que les figures qui peuuent eftre fans nombre ne pourroient pas eftre en nombre qui fe peut exprimer, ce qui n'eft. Si les hermines en nombre font pieces chargeantes, elles fe peuuent multiplier en nombre infiny, & ainfi feront fans nombre. Pour lors dira-on que ce foit panne? Ainfi les tauelures qui feront en la panne dicte hermine feroient pieces chargeantes, & ne feroient pieces chargeantes, qui feroit vne contradiction manifefte. En fculpture & graueure ces hermines en nombre font efleuées pour donner plus de grace, les figures eftans affez fous-entenduës eftre tauelure dans leur principe & origine.

Les autres fouftiennent au contraire, que les hermines és cas cy-deffus, font pieces chargeantes & non tauelures. L'Art non feulement imite la Nature, mais la furpaffant donne telle forme & figure que bon luy femble à toute forte de fubiet, pourueu que la figure foit pro-

portionnée à iceluy, auſſi void-on des figures de choſes qui ne ſont & ne peuuent eſtre dans la nature, comme
Chimeres, Hydres & choſes ſemblables. Le meſme Art
fait vne figure ſēblable à la tauelure dicte hermine. Cette figure par equiuoque & analogie eſt nōmee hermine,
& peut eſtre multipliée iuſques à certain nombre. Si cette figure en nombre eſt vnie & incorporee en vn autre
ſubiet, elle eſt dicte tauelure d'hermine, & non ſimplement hermine, & peut eſtre multipliee iuſques à certain
nōbre, mais en ſculpture & graueure doit eſtre ſans eſle-
uation; en ce dernier cas ie dirois pour exemple, Tel
porte d'argent à trois tauelures d'hermines de ſable.
Où il y a nombre deſdites figures, ſoit qu'elles ſoient
chargeantes, ou tauelures, ce n'eſt plus panne dicte
hermine, ainſi qu'il eſt dit cy-deſſus; il n'y a figure de
piece chargeante qui ne puiſſe eſtre miſe en tauelure,
c'eſt à dire vnie & incorporee en vn autre ſubiet, mais
en ce dernier cas elle doit eſtre ſpecifiée.

De dire que tout ce qui eſt ſans nombre puiſſe en
meſme genre eſtre en nombre qui ſe puiſſe exprimer, la
propoſition eſt abſurde, puis qu'il a eſté monſtré cy-
deſſus, qu'où il y a nombre des figures de l'hermine qui
ſe peut exprimer, ce n'eſt panne ou fourrure. Les faſces
& bandes ſe multiplient iuſques à huict & non plus : les
burelles & cotices ſe multiplient iuſques à ſeize & non
plus ; les paulx & chevrons iuſques à ſeize & nōn plus :
les faſces, & bandes en deuiſe, ne ſe multiplient iamais. Ainſi pour l'vnité ou multiplication il faut con-
ſideter la nature & eſſence de chacune choſe.

Les hermines en nombre ne ſont que par equiuoque
& analogie dictes hermines ; Ainſi elles ne ſont dans

leur principe & originel, en ce cas elles ne peuuent
eſtre multipliées que iuſques à certain nombre. Si elles ſont ſans nombre, elles ſont dans leur principe &
origine, & ne ſont pieces chargeantes, mais tauelures,
eſleuées neantmoins en ſculpture & graueure pour les
raiſons cy-deſſus.

Quand les hermines ſont en nombre, & qu'elles ſont
de ſable : les vns ſe contentent d'en exprimer le nombre, & non l'eſmail, mais puis-qu'en ce cas elles ne ſont
dans leur principe & origine, mais ſeulement par equiuoque & analogie, & que ce qui eſt par equiuoque &
analogie doit eſtre entierement circonſtancié, l'eſtime
qu'il eſt neceſſaire d'en exprimer le nombre & les eſmaulx.

Le ſieur d'Hoſier blaſonnant les armes de Meſſire
Charles de la Porte, à preſent Mareſchal de la Meſle-
raye, Grand Maiſtre de l'artillerie de France faict Cheualier des deux Ordres du Roy en 1633. dict qu'il porte
de gueules au croiſſant montant d'argent chargé de
cinq hermines de ſable, il ne dict croiſſant d'hermine,
mais il ſpecifie les hermines conformement à la figure
qui eſt dans ſon Liure, & l'eſmail quoy que de ſable,
ſçauoir ſi l'on doit dire croiſſant montant, ce n'eſt icy
la queſtion.

Bara dans ſes exemples dict de gueules à trois hermines d'or. Le Baron de Stanhop en Angleterre porte
d'argent à cinq hermines de ſable miſes en ſautoir, eſt
cartelé de gueules.

Et ie ne ſçay comment aucuns blaſonnent hermine
ce qui eſt argent à trois, quatre, ou cinq hermines de ſable plus ou moins non excedants le nombre de 16. qui

ont leur situation qui se peut exprimer, & les confondent. En l'hermine les tauelures doiuent estre sans nombre, soit que le champ, soit que les cantons ou quartiers d'iceluy, paulx, fasces, compons, &c. soient d'hermine. En ce poinct erre le sieur Vulson de la Colombiere, blasonnant fasces d'hermine, des fasces d'argent à trois, quatre, ou cinq hermines de sable toutes entieres, & pas vne de perduë pour partie.

Ledit sieur d'Hosier dans son Liure des Cheualiers des deux Ordres du Roy faits en 1633. blasonne le tout des armes du Comte de Tournon, de gueules à trois paulx d'hermines, & dans la figure de son Liure sont trois paulx d'argent à trois hermines de sable chacun. Erreur que ie veux croire proceder du graueur, mais qui a deu estre corrigé, ou obserué par l'autheur. Car pour estre pal d'hermine, il faut obseruer ce qui est dict cy-dessus. Il y a difference entre pal d'hermine & pal d'argent à trois hermines de sable. Quand les paulx sont estroits à raison de leur multiplicité, & que l'escu est petit comme en cet exemple, vne tauelure dicte hermine suffit au premier rang de chacun pal, mais au second rang il doit y en auoir deux perduës à moitié dans les flancs, correspondantes au vuide de celle du premier rang, & ainsi de suitte pour estre dicts paulx d'hermine, ce qui n'est dans la figure dudit exemple, car il y a trois hermines toutes entieres dans chacun pal, & pas vne de perduë pour partie. Ledit sieur d'Hosier specifie les cinq hermines de sable qui chargent le croissant d'argent des armes dudit Messire Charles de la Porte à present Mareschal de la Mesleraye, Grand Maistre de l'artillerie de France, dans la parité de raison il devroit exprimer celles qui font dans ces paulx, & ne devroit blafonner paulx d'hermine: Au contraire, s'il ne met point de difference entre pal d'hermine, & pal d'argent à trois hermines de fable (quoy qu'il y en ait, comme il eft prouué cy-deffus) pourquoy exprime-t'il les hermines de fable qui font fur le croiffant d'argent des armes dudit Meffire Charles de la Porte ? comme il dict paulx d'hermine, il devroit blafonner ledit croiffant, Croiffant d'hermine: Au contraire, fi ledit croiffant eft d'argent chargé de cinq hermines de fable, (comme il eft) il devroit donc blafonner trois paulx d'argent, chargez de neuf hermines de fable, ou mieux trois paulx d'argent chargez de trois hermines de fable chacun. Les efmaulx de l'hermine (qui s'entend de la panne dicte hermine) ne doiuent eftre exprimés, comme il eft dit cy-deffus; Cecy eft dit en paffant pour fatisfaire & contenter la curiofité de ceux qui voudroient fouftenir la figure & le blafon de ces trois paulx eftre conformes. L'erreur, comme ie croy, vient de l'ouurier, non de l'Autheur.

Quant à la pofition de ces tauelures, le chef d'icelles doit eftre vers le chef des efcus ou des pieces qui feront d'hermine, comme paulx, fafces, bandes, barres, croix, chevrons, croiffants, animaux, &c. & toufiours obferuer ce que deffus, & faire en forte que ces tauelures à l'efgard des efcus ou des pieces qui feront d'hermine ne foient ny couchées ny renuerfées.

S'il fe trouue vn efcu d'azur au chevron renuerfé d'hermine, les tauelures de ce chevron à l'efgard de l'efcu doiuent eftre renuerfées, à caufe que la piece qui fera d'hermine fera renuerfée, car auant que de char-

ger cet efcu de ce chevron, il faut que ce chevron foit
d'hermine,& auant qu'il foit renuerfé qu'il foit chevron.
Dans la fituation ordinaire du chevron d'hermine, le
chef de ces tauelures eft vers la pointe du chevron qui
eft le chef du chevron, ainfi ces tauelures à l'efgard
du chevron feront dans leur fituation ordinaire , & à
l'efgard de l'efcu renuerfées, à caufe que le chevron eft
renuerfé,& ainfi abfolument le chevron & les tauelures
feront renuerfées.

De mefme du croiffant & autres pieces d'hermine
qui feront renuerfees.

Si vn Leopard ou Lyon leopardé ou couchant font
d'hermine , le chef de ces tauelures dictes hermines
doit eftre vers les parties fuperieures de ces animaulx.

S'il y a bande d'hermine, le chef de ces tauelures doit
eftre vers l'angle droict du chef de l'efcu , comme la
bande de fa nature eft pofée.

De mefme de la barre d'hermine, comme la barre
de fa nature eft pofée.

Et ainfi de toute les pieces qui feront d'hermine, les
tauelures doiuent eftre comme ordinairement les
eftoilles font pofées.

Dans la fafce vne pointe de l'eftoille regarde le chef
de l'efcu.

Dans la fafce d'hermine les tauelures doiuent eftre
droictes, & qu'il y ait du moins vn rang d'entieres, deux
perduës à moitié dans les flancs , & d'autres perduës
pour partie en chef & en pointe, correfpondantes au
vuide qui eft entre celles qui font entieres : s'il y a plufieurs rangs d'entieres , qu'elles foient comme quand
l'efcu eft d'hermine. S'il y a vne bande componnée

d'hermine & de gueules, dans chacun compon d'hermine il doit y auoir du moins vne tauelure toute entiere au milieu de chacun compon, & quatre perduës pour
partie, deux en chef & deux en pointe, correspondantes au vuide qui sera aux flancs de celle qui sera entiere,
autrement, s'il n'y a qu'vne hermine entiere, pas vne de
perdue pour partie dans chacun compon: Ie souftiens
que ce ne sont point compons d'hermine, mais compons d'argent à vne hermine de sable chacun, & bla-
sonnerois ladite bande componnée d'argent & de
gueules, chacun compon d'argent à vne hermine de sable. Cet erreur de ne mettre qu'vne hermine entiere en
chacun compon d'hermine, & pas vne de perdue pour
partie, est commun aux peintres, sculpteurs, graueurs,
& presque tous les ouuriers. En la panne dicte hermine
les tauelures doiuent estre sans nombre, comme il est
dit cy-deffus.

Et est necessaire que ces tauelures dictes hermines
soient grandes à proportion de la grādeur des escus, ou
des pieces, qui seront d'hermine, en sorte qu'il y ait plu-
sieurs rangs de ces tauelures en la panne dicte hermine,
& sur tout prendre garde qu'elles ne soient ny trop
grandes ny trop petites, & qu'elles soient en distance
esgale les vnes des autres. Que si les hermines sont en
nombre, qu'elles soient à proportion de leur nombre,
& de la grandeur des escus ou des pieces. La symmetrie
est à garder en toutes choses.